PESPUNTES

Gloria F. Paz

Colección ites

PESPUNTES

© Gloria Fernández Paz
© de esta edición: Olé Libros, 2024

ISBN: 978-84-10053-87-8
Depósito legal: V-4200-2024
Impreso en España

KALOSINI, S. L.
Grupo editorial olélibros
equipo@olelibros.com
www.olelibros.com

A las personas que son y están,
y a las que son y no están

Pespunte:

Costura que se efectúa mediante puntadas unidas,
volviendo la aguja hacia atrás después de cada punto,
para meter la hebra o el hilo en el mismo sitio
por donde pasó antes.

Balzac tenía una teoría del ego según la cual la esencia de una persona se componía de una serie casi infinita de capas espectrales superpuestas.

JULIAN BARNES, *NIVELES DE VIDA*.

PATRONES

Homínidos

Nudos en las arterias,
en el intestino,
en la garganta,
en el estómago.

Somos un macetero de macramé
colgado del techo
por una simple alcayata.

IA: OBSOLESCENCIA PROGRAMADA

Consiguió crear un robot
con conciencia de ser un robot creado por un humano
que consiguió crear un humano
sin conciencia de serlo.

SERES SUPERIORES

Las plantas no piensan
y crecen en un desierto,
en un muro de cemento,
en una baldosa de piedra,
en una pequeña grieta,
en un descuido del asfalto.

Absorben la mínima gota,
la mínima luz;
una nota en el aire
atrapan al vuelo.

Futuro imperfecto

Clonamos mascotas.

Calificamos,
diagnosticamos,
clasificamos,
catalogamos,
encasillamos,
etiquetamos

a ovejas del mismo rebaño.

Plena conciencia

1.

Un saco lleno
que te aplasta las cejas
y te hunde los ojos.

2.

Una visita incómoda
que se presenta de madrugada
y rompe los hilos del sueño.

PROFECÍA

En medio de una gran zona desértica,
se ha inaugurado un parque temático.

Maquetas de dinosaurios
de madera de balsa
se exponen
junto a maquetas de plástico
que acompañan a otras
de un material aún desconocido.

Criaturas extrañas observan las réplicas
de los últimos seres humanos.

Gracias por todo y disculpa, Gaia.

PASSENGERS

Irrumpimos en un momento dado
en un determinado espacio.
El tiempo viene de serie
y no sé si tenemos un lugar.

Puedes buscar después,
aunque nada te garantiza
que llegues a encontrarte.

Viajas en tu propio vagón
y van pasando miradas,
formas, sombras...

Quizás ya no te reconozca.
El reloj de la eternidad
estará roto.

O puede que no ocurra nunca,
pero si dejas de indagar,
te vacías.

Heroína de su guerra

Sostiene una muleta sus huesos.

Se asoman sus ojos
a un precipicio de pómulos.

Mira su reflejo en la ventana del vagón,
y su sonrisa hace olvidar el desaliño
de bolsas rotas,
pies descalzos
y brazos marcados.

QUIEBRA

Recto el flequillo
sobre unas cejas marcadas
en constante asombro,
sobre unos ojos perfilados
con pestañas que nunca duermen,
sobre unos labios de pato
entre unos pómulos que retan
a una nariz altiva,
sobre unos hombros firmes,
sobre un ombligo perfecto...

Sobre unos pies de barro.

Derechos de autor

La fuerza de las palabras. Cómo escribir para triunfar
detrás de ti en el escaparate.

Desahuciado a la sombra de la Casa del Libro,
sonríes en la Gran Vía regalando versos.

Extravagancia

Te alzas con tu par de zapatos
trece centímetros
sobre los simples mortales.

Se tratan tus pies el vértigo postural
con ansiolíticos.

Quedas suspendida al borde del desastre.
Adornas pañuelos de papel con trocitos de vidrio.

Tus Blahnik no saltan abismos insondables.

Formas de ser

La silla te envidia,
sola no puede mover sus piernas.

Tú envidias a la silla,
ella se pliega a todo
y tú te rebelas por sistema,
lo que provoca profundas arrugas
en el tapizado de tus huesos.

VENUS VACÍO DE CURSO

Error de base.
Error de peso.
Error en tiempo de ejecución.
Error de concordancia de género y número.

Venus vacío de curso.

Ganarte a pulso
y a golpe de sonrisa cada día.

Exhausta.

Un verso libre.
Un par de piezas sueltas.
Dos diarios de un mismo día.

Tan difícil de dibujar
como una orquídea
en la que cada hoja
mira hacia un lado.

No hay sirenas en la niebla
que te avisen
de que has perdido el rumbo.

ENTREDÓS

CONEXIONES

Cambio mi mirada.
Animo lo inanimado
y amplío mi red de contactos.

La escoba y el recogedor
nunca imaginaron
que acabarían juntos.

Cuestión de densidad

Licuamos egos
y formamos una disolución de pensamientos.

Tras una vigorosa agitación
a veces no se mezclan.

Sabía que no compartíamos estructura molecular,
quedan suspendidas gotas de aceite.

First date

Yo, un café solo con hielo, sin azúcar.
Tú, un chocolate espeso con nata.
Te observo.
Me levanto.
Salgo sin despedirme.

Nunca sabemos quién va a abrir.
Vivimos como un vendedor a puerta fría.

REDES

Un abanico de posibilidades que te quita el aire
y te hace caer en el paroxismo
de la anodina rigidez de un paipay.

Parálisis por análisis.

Solitarios

De nuevo un tú.
De nuevo un castillo construido en el aire.
De nuevo sin licencia.

Una vez más te paseas entre nubes.

De nuevo la inspiración.
De nuevo la vehemencia.

Deseas que no entienda nada.
Deseas que no te descubras,
que no perciba ningún detalle
ni sepa leerte entre líneas.

Deseas que su mito se mantenga,
que tu hechizo no se rompa,
y con ese as en la manga
seguir ganando cada partida.

UNCORRESPONDED

No es.
No ha sido.
Todo concienzudamente imaginado,
como creer que la espuma de ese café
va a calentar tus labios.

FAST FOOD

Habrá miradas y vino,
sonrisas complacientes
y un hablar por hablar
que se quedará ahí,
bajo la mesa, en los vasos.

Habrá besos y manos,
sensación de calor
y un intercambio
que se llevará el agua
bajo los dedos de los pies.

No habrá rescoldos.
Se recuperará pronto el frío.
Será cómodo y eficaz
como una bomba de calor.

Intersección
de conjuntos vacíos.

All we are
is dust in the wind.

SIN PRISA

Te escondes bajo mi cama,
las pelusas te aislarán del ruido exterior,
sentirás mis movimientos
soñando que sueño
que estás bajo mi cama.

Y como un paraguas en agosto,
esperarás plácidamente
un tiempo más favorable.

ADENTRARSE

Exploras la selva de sus entrañas.
Atraviesas sus maneras, sus gestos,
sus palabras, sus silencios.

A brazo partido,
con los ojos cerrados,
apartas la maraña.

Llegas a un volcán encendido,
encuentras magma y lava,
como en el corazón de un niño.

ACUERDO DE MÍNIMOS

Por la noche te doy la espalda
para que me dibujes tus sueños.

Materializo el amor
con la yema de mis dedos sobre tu piel.
Me correspondes con un escalofrío mudo.

DOPAMINA

Reivindico la sonrisa,
ese puente abandonado
entre la carcajada
y el drama.

Reivindico tu sonrisa
como una sopa tibia
a la temperatura justa
para saborear tu mirada.

Reivindico tu sonrisa,
abierta, franca, espontánea,
quieta, muda;
el tiempo suspendido;
la calma.

Bálsamo

Me envías la luz de la luna
para que no me duerma.
Mezclas tu olor
con el aliento de las olas.

Templas la temperatura de la brisa
con la que pintas mi cuerpo
delicadamente,
sin trazos gruesos.

No enfriarás esta noche
la arena que me acaricia,
cubres ya la luna de nubes
y bajas el volumen del mar.

Cierro despacio los ojos.

Pre-texto

Bloqueado y redirigido a tu *spam*,
me siento como esa banda de nubes altas sin importancia.

NOVIEMBRE

Sin permiso de residencia
se ha instalado este frío
entre tu piel y tus huesos.

Observas la lluvia desde la bañera.
Le llamas descolgando la ducha teléfono.
No contesta.

LETARGO

Como hojas secas cae su pelo,
se hunden sus pies en la tierra.

Los dedos se hacen largos.
Se paralizan sus brazos
formando ramas con el tronco.

Sabía que podía ocurrir,
ayer vi corcho en sus piernas.

ESPIRAL

Llega abatido,
sus ojos en otra órbita
y su sombra difuminada.

Una a una,
vas remendando sus plumas
de nuevo.

Recupera su mirada,
reacomoda sus hombros,
reactiva su sonrisa,
despliega sus alas.

Se deja caer en picado.
Se pierde su rastro.
Trae de nuevo el mar
restos a tu playa.

Ya no estás,
surfeas olas.

RUTINA EN SEPIA

Comes, miras, comes.
Espejos que reflejan cuadros.
Se caen tus letras
en el plato de sopa.

La vela responde al viento;
rompe su pata tu silla,
aburrida y cansada,
y cae tu silencio al suelo.

Bato mis alas abiertas,
golpeo con fuerza el aire
alrededor de tu sombra.

NÓMADA

No voy a apoyarme en tu columna.

Prefiero mi balanceo.
Seguiré pisando charcos,
robando nubes
y dando tumbos.

No voy a parar
en mis manos
el vuelo del unicornio.
No voy a hacer un surco
para sepultarme.

Se puede caminar
sin romper las alas.

Evasión

Llega el invierno cansado
arrastrando hojas secas.

Me miran tus ojos puñal
y salto la pared gris.

Hay un roble que llora ramas,
yo grito folios vacíos.

Imagino su risa blanca
llenando el aire de nubes.

STAND BY

El tamaño de mi hastío
compite con el de mi escepticismo
en una lánguida e indolente lucha
que va desplumando mis alas a ras del suelo.

Sale el sol.
Salgo de la ducha.

El abrazo involuntario de la toalla
me reconforta
mientras tú
sigues lloviendo.

DECEPCIÓN

Dibujan el suelo
las puntas de tus mechones cortados.

Volverán a crecer.

El corazón cercenado
tarda más tiempo en recuperar sus ondas.

LIMBO

Se alejaron de las raíces
y nunca llegaron a las ramas.

Permanecen abrazados al tronco,
al albur del viento.

RESILIENCIA

Le elevas con cien globos de helio
y así, henchido de halagos,
sobrevuela tu contenedor de escombros
mientras peina lentamente,
con su dedo corazón,
sus cejas arqueadas.

Cambia tu ubicación
y reconstruye tu fachada
con la resistencia del ladrillo visto.

FUERA DE COBERTURA

Hay almas que no tienen cosquillas.
Algo apagó su señal de alerta.
Permanece su instinto dormido
y mantienen sin esfuerzo
la distancia de seguridad.

Hace tiempo que mataron al niño
y sobreviven con desdén cuidando su sombra.

Conservan su corazón a buen resguardo, custodiado.

En ocasiones se intuye
detrás de los ojos,
o en el calor que desprende su cuerpo,
o en el contacto que aún busca su piel.

Se aleja después su latido
como el sonido de una armónica,
dejando un eco de cristales rotos.

Distintos parámetros

Se equivocaron al daros el guion,
no era de la misma película.

Le faltaba definición a tu personaje.
Le sobraban sombras al suyo.

Tú ibas construyendo tu castillo de aire en la arena.
Ella iba construyendo una bola de nieve en la hierba.

Complicado nudo.
Rápido desenlace.

FUGA

Tus zapatos tienen vida propia.

Estiraste tanto tu cuero en su horma
que, como una serpiente,
mudaste de piel.

Descálzate
y salta sobre los girasoles.

RECORDÁNDOME

No quería laberintos,
pero dibujaba
con sus ardides
cada recoveco.

Tú dudabas,
pero seguías sin marcharte.

Uno no sabía si...
Otro no sabía cómo...

Esquivaste sus espinas,
después también sus lamentos.

Le escuchaste tanto
que casi cierra
la fábrica de tus palabras.

Te despediste de forma
breve, en minúsculas,
Times New Roman doce puntos:
«Recordándome olvidaré tu nombre».

Ya no

Ahora que tus raíces son tan largas,
es tarde para que endereces tu caído tronco,
colgando de tu mano izquierda
recargados adornos navideños.

El último en marcharse

Fundieron al muñeco de hojalata,
su corazón resultó ser de plomo
y lo desecharon.

No es frecuente
que el cáncer de corazón
sea primario.

ENTREGUERRAS

Huyo de las baladas,
atraviesan la piel
y se adhieren a los huesos
provocándote un andar caído
y un ahogo intestinal.

Huyo de las baladas,
limpian de malas hierbas
las hectáreas de mi memoria
y me dejan una visión engañosa
de césped cortado y amapolas.

Huyo de las baladas,
llenan mi lagrimal
de lluvia de invierno
y roban la suavidad
de mi piel tranquila.

Huyo de las baladas
hasta nuevo aviso.

QOEMA

¿Quién quiere quebraderos,
quejidos,
quitasueños,
quijotescas quimeras...?

¿Qué queda?
Quizás, quietud.

RE CORDIS

Cuando ya no es,
se transforma,
se amplifica y queda flotando
como una gota de aceite
que lubrifica las sinapsis neuronales.

C'EST LA VIE

Voy a guardarte en el cajón
entre fotos y papeles,
entre las piezas del puzle
que voy formando.

Aderezo los recuerdos
con cúrcuma y polvo
mientras sigo subiendo la cuesta
viendo los mismos sauces.

Se romperá otra rama
y volverá después la calma,
suspendida.

Y así que pasen cien años.

Deconstrucción

Anhelo tu piel y ese roce
queestimulamisistemasimpático,
queaceleramiritmocardiaco
ycontraemismúsculoshorripiladores
queerizanmipiel.

Manifiesto

No seas el suelo
que pisa con rabia.

Ni la hierba
que amortigua su salto.

Ni el barro
que modela su ira.

No seas la caja
en la que guarda sus miedos.

Ni el árbol
al que su rayo parta.

Ni la balanza
en la que pese su ego.

No seas el ángel sin alas
que quiera salvar su mano.

Sigues siendo sin él.
Sin ti, sigue siendo.

Demencias

Treinta y siete locos después,
volvimos a olernos.

Tú huiste a base de cortisol,
yo desconectando sinapsis.

En el fondo de una de tus lagunas
encontraste mis manos,
ahora temblorosas.

CREMALLERAS

Líneas continuas

«Avenida de la Paz»,
«Prosperidad»,
«Esperanza»...

La esperanza abona terrenos baldíos,
un acordeón en el silencio de la rutina
me hace naufragar en un «Mar de Cristal».

Y con la expresión
de un niño que sueña,
ignoro que se ha abierto
la puerta del metro,
gusano bulímico
que come y vomita humanos.

MENTIRAS PIADOSAS

Sostener el alma
con la geografía de valles y cauces
de nuestro cerebro.

Resguardarla del frío
y del calor global
aunque sea en un modo subjuntivo
de deseos e hipótesis irrealizables.

Utilizar las tormentas para escupir
palabras que brotan sin orden, a borbotones.

Ponerle a la tristeza un colchón de versos
y una bacina a la decepción.

Apaciguar la rabia masticando nubes.
Repartir las mentiras por el patio del recreo.

Y perdonarlo todo porque sana
y porque es más dulce creer
en los miedos de corazones zurcidos
y con remiendos.

Calma

Reparte el tiempo
en porciones de tarta,
en tazas de caldo,
en copas de vino.

Dosifícalo en secuencias,
distribúyelo en cajones,
divídelo en parcelas,
compártelo en platos hondos.

No derrames
ni una gota,
no desperdicies
ni una migaja,
no dejes escapar
ni una brizna de hierba,
ni un rabo de nube,
ni un torbellino en el suelo.

BÚSQUEDA

Cuando el sol golpea el cristal,
baja la persiana
y huye de la certeza.

Une los trazos imaginarios
de las constelaciones que forman
los lunares de tu cuerpo
y estúdialos con sosiego,
puede que encuentres el Norte
antes de ver la Luz.

DESGASTE ENERGÉTICO

Se masca la tragedia.
Pierde sabor y se pega a tus muelas.
Gira entre la saliva ácida.

Se convierte en una bola
que te explota en la cara.
Demasiado tiempo en tu boca,
te duelen las neuronas de la mandíbula.

Escupe con fuerza
y recupera el aliento.

CENTRIFUGANDO

Sin agua ni suavizante,
continuo el retorcimiento en seco de las neuronas
que se golpean contra las mismas paredes
a puerta cerrada.

Un ruido repetitivo acompaña cada vuelta.
Consigues parar el tambor.
Los pensamientos se van depositando según su peso.
Un leve movimiento más.

Aprovechando el silencio, te duermes.

Tejidos

El exceso de sensibilidad
provoca que deba matarme
los nervios de las muelas.

Ellas permanecen en su sitio
y cumplen su función.

Una fisura más
y me endodoncio el alma.

PIE IZQUIERDO

Mi perro arrastra una larga correa que se enreda en mis piernas y me araña.
Me mira con rabia mientras tenso los brazos y mis huesos crujen.

Siempre hay algo chisporroteando en el patio
que llena de grasa mis huecos.

Al cielo lo acaba de partir un rayo
mientras a rachas se carcajea de mí el viento.

Y aún es martes.

ANTÍDOTO

Situarte detrás del escenario,
esconderte como las ratas
sin importarte que se ahogue
tu grito sordo.

Que el tiempo camine
sin pasar por ti apenas.
Caiga quien caiga,
gobierne quien gobierne.

Y sobrevivir así al absurdo,
autoinmunizándote
para no perder la razón
en el contenedor de basura.

RUMIGARE

Sacudo la cabeza con fuerza,
lanzo con ira mis pensamientos;
como gotas se estrellan contra el suelo,
inexplicablemente rebotan
y vuelven con una cruel insolencia.

ZONA DE CONFORT

Hoy se ha movido más la hierba
que tus ideas.

Se ha suicidado una piña
dando un golpe seco en el suelo.

Han cruzado una mirada dos mariposas negras.

Se han ido aburridas las moscas
sin mirar atrás.

La araña sigue tejiendo,
ha llegado a tu esternón y continúa.

NON SENSE

Como un imán sin nevera,
una cafetera sin agua,
o un zapato sin huella.

Como una toalla que no seca,
una baraja sin bastos,
o un entierro sin pena.

Como un poema de Lorca sin duende.
Una canción de Sabina sin alma.
Una foto de Madoz sin sentido.
Un cuadro de López sin luz.

(Han podado el rosal sin antes preguntarle).

Exhalación

Demasiado ruido ensordece.
Demasiada gente deconstruye.
Demasiada luz obnubila.
Demasiado color es fingido.

Necesitaba belleza,
detalles, silencio...,
ver una mota de polvo
a la que atraviesa,
desprevenida,
un rayo de sol.

Demasiada frivolidad quema.
Demasiado sexo hastía.
Demasiado amor empalaga.
Demasiada pasión ciega.

Me escondí entre piedras,
figuras inertes
y reflejos de vidrieras
para respirar un aire
que no quería compartir.

En Babia

No estar.
Los pies en la tierra,
la cabeza sentada
y las manos en los bolsillos.

Seguir alquilando nubes
que cambian de forma
con el viento.

Seguir tejiendo historias
con hilos invisibles.

Seguir convirtiendo en gesto
una leve mueca
sin reparar en gastos.

Recibir el calor incondicional
de la mirada del sol
y la caricia de la arena.

Solo tu boca,
rebelde en su nostalgia,
seguirá esperando sus besos.

REMATES

Evaporación

Te observo
mientras lo que queda de ti
se va difuminando.

Estás tan cerca de tu esqueleto
que estremece pensarlo.
Tu ronquido regular marca mi respiración.
Buscapina, morfina...

El cierre eterno de tus ojos.
El último sonido de tu voz.
El ruido de cristal
previo a tu rotura.

Tejiste telas de araña.
Ahora pespunteas nubes.

SER UN ÁNGEL
(FRANCESCA WOODMAN)

Grito en el ojo del huracán
y soy un ángel.
Me manchan las alas
y creen que no vuelo.

Ven solo triángulos
en mi irregular geometría.
No soy un objeto sujeto
a sus cambios.
No dibuja mi cuerpo
su deseo.

Rudeza y ruina,
ruido y rabia.
Me mimetizo con la luz
y salto.

Book en sepia

Gestos borrosos que amarillean.
Añoras voces, carcajadas.
Arrastra el viento sonrisas y abrazos.
Buscas imágenes hacia atrás.

Los recuerdos te destemplan,
afinas despacio
las cuerdas de tu intestino.

DESASOSIEGO QUIETO

No hay línea entre el mar y el cielo,
entre el sueño y su sombra,
entre este cuarto y la noche,
entre mi cuerpo y las sábanas.

Zarpazos de ideas
rompen la almohada.

Acompañaré a la tierra
en su movimiento rotatorio
y amaneceré en otra latitud,
unida eternamente al sol.

GRAVITY

Dale una razón
que pese dos kilos más
que la decepción.

En caída libre
no hay gravedad.

Alejada del núcleo
flotas en el espacio,
disminuida tu masa
disminuye la fuerza de atracción
entre objetos.

Apenas lo percibes.

Caducas por falta de aditivos y conservantes.
Pierdes propiedades y tersura.
Ganas pulso sin causas aparentes
o dignas de mencionar.

Andas sobre el agua.

FINAL DE TRAYECTO

Con trazos de nube
entre mechones rojos,
estarás esperándole,
mirando al sol,
con los ojos cerrados
y dos copas de vino.

Saldrán las mariposas
escondidas en el congelador.

Volverán a saludarse vuestra boca,
vuestra piel;
escucharás de nuevo su voz
y su risa en E.

Te devolverá el corazón
de plata
que se quedó enredado
en sus sábanas.

Le enseñarás estas palabras,
ya algo borrosas,
y contestará con gesto serio
que, por unas u otras razones,
siempre le diste miedo.

Tiempo

Se cree importante la mancha del techo.
Ha ido aprendiendo gota a gota
la relevancia del tiempo en su crecimiento,
en la forma de sus contornos.

Ha sabido perpetuar su presencia,
firme en la creencia de que ha ido construyendo un mapa
encima de tus canas y tus piernas cansadas.

Sería cruel, aunque pudieras,
arreglar ahora la avería que la hace sentirse viva.

Amenazante te observa
y te hace sentir ridículo
mientras le ganas el duelo a tu butaca, que sueña
con recuperar la contundencia de su primera vez.

INQUIETUD

Rasgan las sombras
la cortina de humo
y sale a la luz
el difuminado de los contornos,
los arañazos del cristal.

No haber sido,
ya que no estar no puedes.
No pasar página,
sino volver
a la página en blanco.

No sabes si la pena
merece mecerse en una silla
que rompe una,
dos,
sus cuatro patas.

No tener cuerdas
que puedan dejarte
suspendida en el aire
y evitarte el limbo de la desesperanza.

No parecer reconstruida
cuando en realidad
ha calcificado tu válvula mitral
y no ha podido la prótesis
hacer funcionar tus piezas
hacia la dicha o la calma.

NADA

Desaparecer de manera abrupta
como una piedra que se hunde,
apenas una leve inquietud de las ondas,
tenue…

Vuelve la luz del sol,
blanco el lomo del cuervo.

PLUSCUAMPERFECTO

Con puntilla blanca
saca pecho el mar
y expulsa las algas amargas.

Pasa el tiempo de querer té
de alas de mariposa.

Cierras por defunción
de los cuentos.

Observas el vecindario cósmico
buscando vida inteligente
e instalas una agencia inmobiliaria
en los cráteres de la luna.

Entre coche y andén

Me piden las palabras un soneto:
rimas ordenadas de un mundo loco
en el que todo nos parece poco,
en el que no mentir es el gran reto.

En el que es el amor algo obsoleto,
en el que momentos de calma evoco,
en el que con un dedo el cielo toco,
en el que al guion absurdo me someto.

Vivimos en un aria sostenida
evitando oberturas e interludios,
comiéndonos el tiempo sin saliva,

doblando esquinas que dan a esquinas
a escaleras que acaban en el aire.
Andando en laberintos sin salida.

ÍNDICE

PATRONES

ENTREDÓS

CREMALLERAS

REMATES